JN438107

내 마음 나비 되어

김갑현 제2시집

을지출판공사

❙ 시인의 말 ❙

눈 몇 번 내리고 나니 매화꽃이 피고 지고 땀방울 몇 번 흘리고 나니 가을이 성큼 다가섰습니다.

두 해 전 큰 산을 오르는 기분으로 제1 시집 『새로운 길』을 발표하였는데 다시 큰 산을 하나 넘었습니다.

한 해를 넘길 때마다 몸도 마음도 위축되는 것이 피부로 느끼는데 그래도 큰 산 한두 개(제3집, 4집)는 더 넘어야겠다는 욕심을 가져도 봅니다.

지금까지 살아오면서 별 탈 없이 마무리한 공직생활 퇴직 후 농사도 지으면서 정다운 벗들과 막걸리도 나누고 매주 한두 차례 통기타 동호회 일원이 되어 기타도 치고 노래도 부르고 틈틈이 글도 써 온 일상들, 이런 것이 제 인생의 삶의 보람인 것이고, 이들이 훗날 제가 이 세상을 살다 간 흔적 아니겠습니까?

아직도 글이 미숙하지만 어느 분에게는 작은 위로가 되고 어느 분에게는 마음적 보탬이 되었으면 하는 것이 저의 바람입니다.

그동안 불평 없이 곁을 지켜 온 아내 김복수 여사, 두 아들 영훈 · 영복, 며느리 차은정 · 황선영, 손주 창수 · 승수 · 준수 · 현수 · 민하 모두 사랑하고, 오늘에 이르기까지 성원해 주신 일가친지 분들께도 감사드립니다.

끝으로 이 책을 내는데 성원해 주신 한내문학 최양희 이사장님과 홍성수 작가회장님께 감사드리며, 한내문학 문우님들, 베짱이 통기타 동호회 회원님, 그리고 이 책을 읽으시는 독자님들 모두 건강과 행복이 함께하시길 기원합니다. 감사합니다.

2023년 9월에

김 갑 현

■ 서문

타고난 시상이 순수하고도 예리한 시인

최 양 희
〈문학평론가〉

김갑현 시인은 2년 전에 제1시집 『새로운 길』을 세상에 내놓은 뒤 이번에 제2시집 『내 마음 나비 되어』를 출간한다. 이것은 보기 드문 일이지만, 전국 문인들 누구에게나 축복받을 일이다.

이번에 출간하는 제2시집 작품을 한편 한편 볼 때마다 또 한 번 마음이 흐뭇했다. 김갑현 시인은 남다르게 자연스럽고 편안하게 시들을 생산했기 때문이다.

김갑현 시인의 제1시집도 자신의 예리한 문학성과 예지력의 시상이 남달랐지만, 이번 제2시집도 타고난 시인의 시상을 자연과 사물의 실상을 보고, 느끼고, 터득한 시상을 현실에 맞게 노래한 시들이기 때문이다.

시집 첫 장에 나오는 〈그리움〉이란 시 일부를 소개한다.

그리운 이들
초승달 뜨고 짐에
오기도 하고 가기도 하니

매일 밤
초승달이 뜬다면
얼마나 좋을런지

'매일 밤/ 초승달이 뜬다면/ 얼마나 좋을런지'

바로 이것이 그리움에 대한 마음의 실체를 시로 표현했는데, 김 시인이 발표한 시들마다 시심을 한마디로 표현하면 '타고난 시상이 순수하고도 예리한 시인' 이라는 점을 필자는 여기서 외치고 싶은 마음이다.

다음은 계절을 노래한 시 〈꽃샘추위〉 일부를 함께 보자.

가는 세월 막을 장사
누구인들 없으련만

아직도 그 기백은
예나 제나 변함이 없구나

정말 시인다운 시심(詩心)이다. 김갑현 시인은 '가는 세월 막을 장사/ 누구인들 없으련만' 우리들 모두가 예나 지금이나 어떻게 가는 세월을 막을 수 있단 말인가?

이처럼 김갑현 시인은 순수한 시상으로 '꽃샘추위'를 노래했는데, 이 시 한 편만 보더라도 김 시인은 독자들과의 공통적인 시상으로 누구나 쉽게 이해하기 쉬운 시들이다.

필자가 이번에 출간하는 시를 꼼꼼히 검토하고 이해하는 과정에서 세심하게 느낀 점은, 김 시인의 시는 참으로 가식 없이 진실한 시들로 엮어 냈기에 전국에서 갈채를 받아도 마땅한 시집일 것이다.

이번에는 〈손자 아이 손 (1)〉이란 시를 살펴봤다.

세상 사람들 모두 자식 손자 소중하고 예쁘지 않은 사람 있을까? 김갑현 시인도 마찬가지다. 김 시인은 행정공무원으로 정년퇴직했고, 큰아들은 금융회사 전무로 유능하며, 그 손자들이 무척 영리하고 똑똑하다. 이번에 출간하는 시집 앞표지, 뒤표지도 손주들이 직접 그린 그림이다.

손자 아이 손 (1)

입대하기 전까지
호미 자루 한 번 잡아 보지 않은 아이
군 생활 끝내고 반가움에 잡은 손
거칠고 굳은 못에 깜짝 놀랐다
　　– 중략 –
제대 신고하고
정문을 나오는데
회한이 서린 듯
눈물이 핑 돌더란다

김갑현 시인의 '손자들' 이란 시처럼, 손주들을 행복하게 포용하는 시인의 깊은 사랑을 느낄 수 있다. 어디에 구애받지 않고 가족에 대한 사랑과 인간미가 선선한 감동을 주는 시이다.

필자는 전국 각지에서 온 여러 시집을 봐 왔지만, 문인들의 가족에 대한 시를 보기가 드문 일인데, 이번 시집에서는 〈아내〉, 〈처남댁〉, 〈매형〉 등 여러 편을 볼 수 있다.

다음에는 〈내 마음 나비 되어〉라는 시 일부이다.

어린 시절
하얀 나비 쫓다가
넘어지고 구르고
무릎 까지던 추억

내가 눈이 된 듯
눈이 나비가 된 듯
내 마음은 나비 되어
어린 시절을 날고 있다

김갑현 시인의 시 〈내 마음 나비 되어〉는 제2시집 제목이지만, 시를 보면 자연에 대한 흐름의 메시지를 유연하게 노래했으며, 누구에게나 가까이 다가서는 잔잔한 울림소리를 들려주는 시이다.

끝에서 '내가 눈이 된 듯/ 눈이 나비가 된 듯/ 내 마음은 나비 되어/ 어린 시절을 날고 있다'

시의 끝부분에서 누구에게나 마음이 공감되는 시상으로 자신의 시심 그대로 유연하게 표현한 재치가 일품이다

필자는 김갑현 시인을 형님으로 모시면서 여러 번 대화도 많이 했지만, 김 시인은 인간성이 지성인이면서도 포근한 인격자 시인이다.

끝으로 하고 싶은 말은, 김갑현 시인은 열심히 노력하는 창작 의식의 흐름으로, 앞으로 '제3시집, 제4~5집을 출간했으면 하는 바람이며, 이번 제2시집으로 독자들 마음에 정서가 공감되는 시인으로서, 오래오래 꺼지지 않는 등불을 발산하시길 축원하는 바이다.

차례

제 2 부 담쟁이덩굴

Contents

Contents

Contents

제5부 삶의 언저리에서

제 1 부

산 정상에 올라

못 다 이룬 꿈
갖고 싶었던 모든 것들

모두 내 발아래 있으니
이만하면 족하지 아니한가

그리움

초저녁
초승달 뜨니
그리움도 함께 오고

잠시 지나 초승달 지니
그리움도 함께
사라져 가네

그리운 이들
초승달 뜨고 짐에
오기도 하고 가기도 하니

매일 밤
초승달이 뜬다면
얼마나 좋을런지

새싹

겨우내 얼어붙은 땅속에서
숨죽이고 지내다가
따사한 양지 볕에
얼굴 인사하는 두 잎

높은 하늘을 우러러
더 높이 뻗어 나갈
푸르름을 설계하며
기지개를 켤 때

내려 주는 봄비에
여린 몸을 씻기우며
도랑가 물소리 맞춰
희망가를 노래한다

낙화

활짝 핀 하얀 벚꽃
쳐다보기도 아까운 것을

야속한 동풍
거칠게 불어 대네

그 화려한 꽃잎들
힘 못쓰고 흩날리니

무정타 한탄 마소
바람인들 그러고 싶겠나

산 정상에 올라

어렵게 정상에 오른들
다시 내려가야 할 길인데

오늘도 힘들여
그 길을 오르고 있다

못 다 이룬 꿈
갖고 싶었던 모든 것들

모두 내 발아래 있으니
이만하면 족하지 아니한가

나비를 잡으려고

노란 유채밭 위를
사뿐사뿐 날으는
노랑나비 한 쌍

꽃 위에 사뿐 내려앉으니
보일 듯 말 듯
꽃이 나비인 듯 나비가 꽃인 듯

그것 좀 잡으려고
살금살금 다가가는
천진난만한 어린아이

유채꽃에 묻힌
그 아이 얼굴도
천상 유채꽃이다

꽃샘추위

가는 겨울 아쉬워
지나간 길 도로 오니

농 속 넣어둔 옷
다시 꺼내 입는다

가는 세월 막을 장사
누구인들 없으련만

아직도 그 기백은
예나 제나 변함이 없구나

나잇값

길을 가노라니
나이 지긋한 두 사람
티격태격 다투고 있다

"야, 이놈아
나잇값이나 하고 살어!"
"네놈도 마찬가지여"

나잇값?
그게 뭐길래
죄 없는 나이는 들먹거려

곡식은
익으면 익을수록
고개를 숙이는 법

나 자신을 돌아보아진다
나도 나잇값 하고 사는지
대답은 글쎄이다

배려하는 마음 (1)

굵게 내리던 빗발
메마른 대지 적시다가
이슬비 되어 내리는
이른 아침

저녁 굶은 까치 한 쌍
새벽부터 날아온 듯
길고양이 밥그릇에
눈독을 들이고 있다

길고양이 한눈파는 사이
슬쩍하는 그 배짱과 솜씨
한두 번이 아닌 듯
과연 프로급이다

배 채운 길고양이
슬금슬금 물러나
보고도 못 본 체
배려하는 그 마음 기특하도다

배려하는 마음 (2)

우리 집 창고 처마 밑
길고양이 집 마련하고
매일 아침 사료 주고
물도 갈아 주는 젊은 부인

누군가 하고 의아하여 지켜보니
멀지 않은 곳 사는 젊은 부인이다
그래야만 마음 편하다고
허락 없이 그랬다고 미안하단다

참으로 마음씨도 착한 것이
그게 보통 정성인가
배려심 많은 그분에게
박수를 보내고 싶은 오늘

비 온 후 맑게 갠 하늘처럼
상쾌하고 기분 좋다
"애기 엄마 걱정 말고 계속 하세요"
웃으며 말해 주니 내 마음도 기쁜 것을

아지랑이

따뜻한 봄볕 받아
피어오르는
아지랑이

저들도 봄이 좋아
봄나들이
떠나는 것일진데

길손 되어
먼 길 떠나는 님
빗물 되어 다시 오려마

봄비 내리는 저녁 벙개를

봄비 흡족하게 내리는 날
음악실에 둘러 모여
파전 부치고 막걸리 나누니
세상이 전부 내 것이로다

여보시오
베짱이 통기타 벗님네들
정다움이 별거라요?
우리 동아리가 최고인 것을

익어 가는 오징어파전
정든 단원 기타 음률
잔에 떨어지는 술방울 소리
귀도 즐겁고 입도 즐거운데

오늘 못 오신 단원님 얼굴
자꾸자꾸 떠오르니
이 또한 아쉬움 아니겠나요
봄비 내리는 저녁에

- 2023. 4. 5. 음악실 벙개를 끝내고

인구 절벽시대 입구에서 (1)

우리나라 삼천리강산에도
외래 식물들이 널리 퍼져
토종 식물들은 설 자리를 잃고
사라져 가고 있는데

반만년을 이어 온 한민족
아이 낳기를 극히 꺼려
출산율이 세계 최하위
인구 감소 피부로 느낀다

이대로라면 그 빈자리를
외국인들로 채워야 하니
머지않아 그들이 다수가 되어
다인종 국가가 될 것이 뻔한 일

한민족은 자연스레
소수민족으로
구박받고 살 것인즉
참으로 애석한 일이로다

인구 절벽시대 입구에서 (2)

그렇다면 100년 후쯤 이 땅에는
대통령도 그들 중에서
국회에도 지방행정기관에도
그들이 선출되어 위정자가 될 터인데

내 나라 내 땅에서
소수민족이 될 우리 후손들
설움받고 살 일 뻔한 것
어찌 한가하게 잠이 오는가

국민들이여, 위정자들이여
어찌 이를 보고만 있을 것인가
기성세대 청년들이여
후세들은 그리 살아도 좋단 말인가

고마운 봄비

심각한 봄가뭄에
메마른 대지
이곳저곳 수십 건 산불로
금수강산 몸살을 앓는데

늦게나마 흡족한 봄비
이처럼 고마울 수가 없네
기세 좋던 산불들도
힘을 잃고 소멸되니

자연의 힘이여 위대하도다
목마른 새싹들 목을 축이니
이것이 생명수요
싱그러운 봄날의 향기인 것을

산불 유감

이틀을 계속해서
동풍이 불어 대는데
하필 이런 날 부산물을 태우는지

옛부터 전해 오는
봄 불은 여우 불이란 말
듣지도 못 했는가

수십 헥타르 산림이
잿더미가 되었으니
그 피해 헤아릴 수 없을 텐데

그 일을 어찌할까나
또 불낸 그 사람은
참 딱하기도 하다

손자 아이 손 (1)

입대하기 전까지
호미 자루 한 번 잡아 보지 않은 아이
군 생활 끝내고 반가움에 잡은 손
거칠고 굳은 못에 깜짝 놀랐다

아니 요즘 군대
어려움 없다는데
보들거리던 손에
거칠고 웬 못이 그리 많이

전차병 그래도
편한 보직인 줄 알았는데
전차 포탄 메고 산에 오르기가
어렵다던 푸념 그냥 흘려들었었다

제대 신고하고
정문을 나오는데
회한이 서린 듯
눈물이 핑 돌더란다

손자 아이 손 (2)

내 군대 시절 기동훈련 등
몇 날 며칠 행군으로 녹초 될 때
전차 타고 가는 전차병들
그렇게 부러웠었는데
그게 아니었나 보다

모쪼록 어렵게 마친 군 경험
사회생활에 밑거름이 될 것인즉
그것을 거울삼아
지상의 왕자 기갑부대 전차병답게
꿋꿋하게 살아가려무나

어려움 이기고
군 생활 마친 우리 손자
자랑스럽다
사랑한다 우리 손자
그 이름 김승수

갈등

칡은 줄기식물이요
등나무는 나무로 분류되는데
칡과 등나무는 무슨 악연으로
서로 얽혀 싸우며 살아가나

떨어져 뿌리내리고 살면
싸울 일도 등질 일도 없을 것을
너 죽고 나살자고
온몸 꼬아 싸우는가.

인간들도 마찬가지
티격태격 싸워 본들
결국은 제자리인데

지는 것이 이기는 것이란 말
그대들이여
왜 모르는가.

소나무 벌레

추운 겨울 동장군에도
푸르름을 과시하며
꿋꿋이 버티는데

그 작은 벌레
소나무 재선충에는
아름드리도 꼼짝을 못하는구나

그 많던 송충이도
물리쳤던 소나무여
참으로 안타까운 일이로다

산림 당국에서 열심히 방제하니
다시 한 번 힘을 내어
반드시 푸르름을 되찾기를

제 2 부

담쟁이덩굴

능력 있는 자 나와 봐라
다툼 없이 우리들 살기엔
이곳이 최고인 것을

하얀 민들레 (1)

내 어렸을 적 민들레는
하얀 꽃을 피웠는데
지금의 민들레는
노란 꽃 천지이다

색은 노란 꽃이 예쁠지 몰라도
우리 토종 하얀 민들레
그 소박하고 청초함이야
비교할 바 아니거늘

환경이 오염되니
꽃 색깔도 변하는 걸까
어디로 사라졌는지
눈을 씻고 찾아봐도 없구나!

하얀 민들레 (2)

노란 민들레는 외래종
번식력도 엄청나
우리 토종 설 땅을 잃고
도태되었다 하니
참으로 안타까운 일

이 시대를 사는 사람들이여
우리 것이 이렇게 사라져 가니
어찌하면 좋을까요!
어찌하면 좋을까요!
살릴 방법은 없는 건가요

우리 매형 (1)

그 두꺼운 성경책
구약 창세기부터
신약 요한 계시록까지
한 번 다 읽기도 어려운 것을
몇십 권 노트에
차곡차곡 쓰셨던 분
우리 매형 윤동선 장로님

눈이 오나 비가 오나
새벽 기도 주일예배
빠짐없이 다니시고
구역예배 인도자로
아픈 가정 심방 등
장로 직분 다하셨다

우리 매형 (2)

넉넉지 않은 공무원 봉급
제일 먼저 십일조 헌금하시고
주일 헌금 감사 헌금
철 따라 바치시고
퇴직 후 연금으로 생활해도
변함이 없으셨다

비교적 이른 나이에
장로로 임직되어
시가 몇 억짜리 임야 삼천여 평
망설임 없이 선뜻
헌금하신 그 믿음
그분은 신앙생활을
평생 낙으로 삼으시고 살아오신 분이다

※ 그 임야는 그 후 영보산단에 편입되어 교회에서 보상을 받았음.

우리 매형 (3)

천상 어린양처럼 선행으로
평생을 살아오시고
남에게 싫은 소리 한마디 안하신 분
건강만큼은 타고 나신 줄 알았는데

세월 이기는 장사 있던가
구십이 넘으시니
건강도 잃으시고
끝내 치매가 오셔
늙으신 우리 누님
마음고생 하셨으나

오래지 않은 기간
오 개월 남짓 앓으시다 가셨으니
이마저도 없었다면
얼마나 아쉬웠을까

우리 매형 (4)

서기 2022년 11월 17일
오후 11시 40분
92세 나이로 조용히 소천하시니
육신은 모란공원에
영혼은 하늘나라 하나님 곁에
그 중에서도 제일 좋은 곳에서
큰상 받으시고
기쁘게 지내시리라 믿습니다

아! 우리 매형 윤 장로님
함박눈 내리던 새벽
장가오시던 모습
시골 처갓집 문안 오시며
장인 장모님께 웃으며 인사하시던 모습
눈에 선합니다. 그립습니다

존경합니다
그리고 사랑합니다

처남 김갑현 올림

복수초

얼어 있는 쇠눈 사이로
가녀린 잎 내밀어
꽃을 피우는 복수초

봄의 전령사 되어
새벽잠을 일깨우는
근면함과 부지런함이여

그대는 정녕코
구약 성경 솔로몬의 아가서
"가시나무속 백합화로다"

수줍은 산촌 소녀처럼
소박하고 청초함이여
그 마음 영원하렴아

봄바람

하늘을 날다가
논두렁 지나서
앳된 소녀의 볼가를 스치며
다가오는 봄바람

그대는 정녕
봄의 전령사인 듯
옷깃 속을 깊이깊이
파고드는데

시냇가 버들가지
긴 겨울잠 깨어나
기지개를 켜며
봄맞이 준비 한창일 때

3월의 봄바람은
마냥 부푼 꿈을 가지고 와
우리 마음속 깊이 둥지를 틀고
깊이깊이 자리하고 있다

어린 생명들 (1)

헛간 귀퉁이 개집에 묶여 있는
백구 한 마리
허연 이빨 드러내며
요란스레 짖고 있다

얼마 전 낳은 새끼
흰둥이 셋 재둥이 두 마리
겨우 눈을 떠서
올망졸망 돌아다니는데

혹시 낯선 나에게
해코지라도 당할까 봐
어미는 저리도 사납게
짖어만 댄다

그런 어미 심정 아랑곳 않고
흰둥이 재둥이
꼬리도 치며 반갑게

이방인을 반겨 주니
귀엽기가 비할 데 없구나!

어린 생명들 (2)

강아지도 그렇게
귀엽거늘
이 땅의 어린이들
그에 비할 수 있으랴

모두가 이 나라에서
행복할 권리가 있는데
특히 어린 생명은
미워할 이유가 전혀 없는 것

어린이들이 그늘진 곳에서
학대받는 일이 없이
행복 속에 사랑받으며
무럭무럭 자랄 수 있도록

기성세대들
위정자들
우리 모두 합심하여
보호 책임을 다하여야 할 것이다

꽃이 피고 지고

매화꽃 지는가 하니
벚꽃이 다시 피네

꽃들도 차례를 지켜
벌들에 먹이를 제공하니

서로 돕고 돕는 마음
비할 데가 없도다

첫눈

초대하지도 않았는데
기별도 없이
밤사이 살그머니
찾아온 첫손님

잊혀져 버린
어릴 적 친구가
배시시 웃으며
찾아온 것처럼

하얀 눈꽃송이
고루고루 나누어 주니
그 정성 그 솜씨
갸륵도 하다

눈

고요함이 세상을 삼키며
천지사방으로
두텁게 두텁게
눈이 내리고 있다

모든 대지가 자기 것인 양
땅주인 허락도 없이
지난날을 더듬어
앙갚음이라도 하려는가

보름달이 눈구름에
일그러진 모퉁이 사이로
그저 한도 끝도 없이 내리는
눈 · 눈 · 함박눈이여

생존 질서 (1)

솔개는 하늘을 제패한 듯
더 높이 날아올라
아래를 감시하며
만만한 녀석으로 배를 채우는데

그 아래 살고 있는
꿩이며 비둘기 등은
그들을 피하며
눈치껏 살아간다

몸집으로 비교해도 고만고만
해 볼 만할 것 같음에도
포식자와 먹이라는 등식 아래
속절없이 당하기만 하니

생존이란 바로 그런 것인가
지배자와 피지배자

힘이 없어 속절없이 당하는 자
얼마나 억울하고 원통한 일인가

- 2023. 3. 29.
등산길 꿩을 사냥하는 솔개를 보며

생존 질서 (2)

포식자의
한 끼 식사를 위하여
생명을 내놓아야 하는
먹잇감 동물들

도망이라도 치려는 듯
두어 번 저항하다가
이내
체념해 버린다.

먹이 된 자의 입장에서는
원통하고 억울한 일이지만
포식자는 그래야만 생을 이어 가니
조물주의 창조질서
냉정하기 비할 데 없다

부디
다음 생엔
먹잇감이 아닌
포식자로 태어나거라

정치인들에게

서로 돕고 살며
이해하면 될 일을
무슨 생각 그리 달라
짜증나게 싸우는지

세상사 새옹지마
지나가면 그만인데
천년만년 살 것인가
모든 것이 눈 한 번 질끈 감으면 될 일인데

나만이 애국자인 양
목청 돋워 소리쳐도
결국은 그것이 그것이고
오십보백보인 것을

여보시오
선량들이여
국민들을 위한다는 구실 아래
제발 싸우지 좀 마시라

고인돌

비가 오나 눈이 오나
좋다 싫다 기색도 없이
그 자리를 지켜 온 고인돌

고인돌, 그로 하여금
수천 년의 세월도
순간임을 깨닫게 되는데

그곳에서 주무시는
옛 어른은
무거움도 모르려나

누가 그 시절에
어떻게 수십 톤 돌을 옮겨와
무덤을 세웠는지

그 끈기 그 정성
감탄이 절로 나오며
마음이 숙연해진다

새와 허수아비

밭 가운데 우두커니 서 있는
허수아비 위로
새들이 앉아 쉬고 있다

약아 빠진 요즘 새들
허수아비쯤은 졸로 아는 듯
마음대로 농락하는데

멍청한 허수아비야
그래! 너는
속도 없느냐?

미련 곰탱이
덩칫값이나
하고 있거라

담쟁이덩굴

콘크리트 벽돌 높은 담장
기를 쓰고 오르고 있는
담쟁이덩굴

벽돌 틈새 사이로
어렵게 손을 뻗으며
몸을 지탱하는 솜씨

그래도 그 잎사귀
푸른 기백 청정함이야
따라올 자 누구냐

경쟁 속에 비좁게 살아가는
식물들의 세계에서
담장만큼은 넘볼 자 없으니

능력 있는 자 나와 봐라
다툼 없이 우리들 살기엔
이곳이 최고인 것을

제 3 부

달맞이꽃

무심한 저 달마저
보는 둥 마는 둥 하니
밤이슬에 힘을 얻어
꽃 한 송이 더 피운다

황혼의 실루엣

어둠 먹은 산 그림자
호수 위를 스쳐 오는데
아직도 돌아가고 싶지 않은
물오리 떼의 한가로움

홍당무만큼이나
달콤한 일몰은
호반에 비추인
낯익은 그녀의 얼굴

잊혀졌던 옛 모습이
환영으로 밀려와
가슴속 깊은 곳에
조용히 자리한다
노을 같은 얼굴을 하고

아! 아!
황혼이 지는 시각

그리움만 여울지는
그 시절 그 추억이여

도시의 밤하늘

어둠이 설 곳 없는
도시의 밤
그 많던 별 무리들
어디에 숨겼는지

밤을 낮 삼아 살아가는
올빼미족 젊은이들
자정, 새벽 한두 시쯤은
초저녁에 불과하다

낮 동안 잠을 자고
밤 시간 활동하는 인구 점점 느는데
그들에겐 이것이
아주 자연스런 일상

세상이 변해도 너무했다
밤하늘 반짝이던 숱한 별들
길게 뻗은 은하수물결

어디에서 찾으려나

안타깝게도
우리 마음속에서조차
가물가물 멀어져 가고
뇌리엔 희미한 기억뿐이다

자갈길 위 풀 한 포기 (1)

넓고도 넓은
이 세상에서
하필이면
자갈길 위에 터전을 잡고

돌 틈 사이로 뿌리 내린
풀 한 포기

기름지고 좋은 땅
몇 발짝 옆에 널려 있는데
재수라곤 참
지지리도 없구나

발에 밟히고 채이고
하루에도 죽을 고비
숱하게 넘기며
힘든 삶을 겨우겨우 살고 있다

자갈길 위 풀 한 포기 (2)

운수 좋은 다른 형제들
좋은 땅에 뿌리 내리고
풍족하게 지내면서
화려하게 꽃 피울 때

젖 먹던 힘까지 다하여
기어이 꽃 한 송이
피워 내는데
참으로 훌륭하도다

그것이 보통 일인가
가련한 풀 한 포기여
그대 할 일
거진 끝나 가는데

조만간 태어날
2세 씨앗들일랑
부디 좋은 곳으로 날아가
고생 없이 살았으면

아내의 얼굴

어쩌다가
이 사람 얼굴이
이렇게……

새색시 때
그 고웁던 모습
어디로 갔다요?

잔잔한 눈가 주름
늘어가는
흰머리카락

앞만 보고 살아온
지난날의 발자취가
거기에 쓰여져 있네요

그러나 그곳엔
땀 흘려 쌓아올린

당신의 정성이 서려 있으니

서러워 마시소
오늘이 있기까지
그대의 노력으로 이룬 것이거늘

내 마음속에는
새색시 때 그 모습
늘 그대로 간직하고 있다오

달맞이꽃

모래밭 황무지
외로움을 마시며
낮과 밤을
바꿔 사는 삶

어찌 어찌하다
메마른 이곳에
터전을 잡고
모질게도 살아간다

짓궂은 바닷바람
따가운 태양 볕을
맨몸으로 버티면서
힘겹게 꽃망울 틔울 때

무심한 저 달마저
보는 둥 마는 둥 하니
밤이슬에 힘을 얻어
꽃 한 송이 더 피운다

이삿짐 (1)

아직은 쓸 만한 것들인데
어머니 손때 묻은
장롱이며 식탁
옷가지며 이부자리 등
이삿짐에 끼지 못한 것들
훌훌 버려진다

지난날 바리바리 챙겨
이집 저집 셋집 전전하며
어려움을 함께했던 세간살이들
새집 장만하여
내 집으로 이사하건만
그것들은 설 자리가 없구나

저 항아리는 친정어머니께서
분가할 때 사 주신 것인데
아쉬워 다시 만져 보건만
아들 며느리 눈총이 따가운 듯
씁쓸히 체념해 버린다

이삿짐 (2)

모든 것이 풍요롭고
편리한 세상
새것만이 전부인 듯

아·나·바·다 운동도
이제는 옛이야기
그런 것 주장하면
촌 노인네 꼰대 취급

목돈 들여 장만한 것
버릴 때도 돈 들이는 세상
수북이 쌓여만 가는
버려지는 물건들

그들과 함께 살아온 삶도
함께 버려져 가는 듯
어머니 마음은 씁쓸하다
새것만이 최고인가?

농사를 접고 나니

농사일 그만두니
몸이 편하구나

몸은 한없이 편한데
마음이 허하다

시간이 많아
좋기는 하건만

그 시간이
지루할 때도 있다

마음의 농사라도
잘 지어야겠다

손자 아이 제대 선물

용돈 받으면 그 자리에서
세어 보는 둘째 손주 아이
제 것 챙기는 것 보통이 아닌데
군 생활 마치고 인사 왔다

군 생활 무사히 끝내고
돌아온 것만도 대견한 일인데
P · X 마크 붙은
60봉짜리 홍삼엑기스

사병봉급 의무 저축하고 나면
용돈은 빠듯할 텐데
그냥 와도 반가운 것을
기특하기도 하고 대견스러워

한동안 먹지 않고
눈으로만 음미하다
한 봉지 꺼내 입에 넣으니

다른 제품과 비교할 수 없는 맛

손자 아이 땀방울이
함께 녹아 있음을
진한 감동으로 느껴 오는데
마음 한구석이 짠하다

거울 속에 비친 나에게

나 자신이
거울 속에 있는
나를 쳐다본다

거기 비친 내 얼굴
반은 아버지가
반은 어머니의 모습이
포개져 있는데

부모님 은혜에
반만큼이라도
보답했었는지?

나 자신이
거울 속에 나에게
질문하니

거울 속의 나
우물쭈물
얼굴만 붉히고 있다

보령호의 추억 (1)

"저어기가 우리 집 자리
저어 곳은 용수네고
저어~기는……

길가에 서서 나이 지긋하신 어르신네
아들 손주들에
푸른 물속을 가리킨다

선산 들러 벌초 마치고
돌아가는 가족 일행인 듯

그렇지!
나도 1년 근무하였지
댐 막기 바로 전
지금은 물속에 잠겨 있는
저어~기서

미산면 부면장
사령장 받는 순간부터
기쁨보다는 걱정만 태산
하필 이 시기 나를 그곳으로……
가기 싫은 발길이었다

보령호의 추억 (2)

일주일 멀다 하고
수시로 열리는 크고 작은 집회
생존권 보장하라던
그 음성 그 얼굴들

말꼬리 잡고 트집 잡아
싸우려 드는 사람들
어느 때는 퇴근도 못하고
밤샘 때도 있었지

저 댐이 없었다면
충남 서북부 사람들
물 걱정 없이 지낼 수 있을까
이 가뭄에

벌써 30년이 훌쩍 지났다
저 푸른 물은 알겠지

떠난 이들의 아픔을
남은 이들의 고통을

가슴이 뭉클하다

소낙비

이글거리던 태양
졸음에 겨워
잠시 낮잠을 즐기는 사이

갑작스레 쏟아지는
소낙비 몇 줄기
이처럼 고마울 수가

산천초목 너울너울
땀 흘리던 농부까지
달콤한 휴식시간 제공하니

고마움이야 말할 것도 없고
제법 복 받은 땅에
살고 있음이 틀림없다

일출 소감

어둠을 물리치고
승자가 되어
솟아오르는 당당함

태초부터 오늘까지
하루도 쉬지 않고
맡은 임무 수행하는 근면함

어느 누구에게나 차별 없이
고루 베푸는 공평함이
한 몸이 되어

온 세상 빛과
생명의 원천을
아낌없이 선사하는 태양

받는 것도 없이 주기만 하니
그 정성 그 고마움
말로 다할 수 없구나!

부부 인연

이 세상
70억이 넘은 사람들 중에
인연 되어 만난
딱 한 사람

70억분지 1
그 어려운 로또복권
100번 이상은 맞추어야
이룰 수 있는 확률일진데

하늘 아래 둘도 없는
그 소중한 인연 바로 그 사람
곁에 있는 내 배우자
무슨 말이 더 필요한가

단풍잎 (1)

새봄에 피어나
한여름 푸르름을 노래하더니
어느새
노인이 되어 버린 나뭇잎

곧 닥쳐올 이별을
예감하고는
담담하고 차분히
옷을 갈아입고

할 일을 다 하고
쉬고 있는 노인 되어
떠날 날을 조용히
기다리고 있다

단풍잎 (2)

나무와 나뭇잎
한 몸으로 살아온
어제의 푸르름은
다시 못 올 젊은 날의 추억

새빨강 노랑 연분홍
오색으로 정성껏 화장하고
님을 기다리는 마음 되어
다음 날을 기약하는데

스산한 가을바람
떠나기를 재촉하니
정든 님의 손을 놓고
말없이 이별을 맞이한다

제 4 부

나 목

못 다 그 푸르던 잎사귀
훌훌 벗어 던지고
가벼운 몸이 되어
깊은 잠자고 있는 나무들

안개

구름인가 하였더니
구름은 아니고

연기인 듯 보이나
냄새도 없다

구름도 아니고
연기는 더더욱 아닌 것이

그냥 지나가는 길에
쉬나 보다 하였는데

해가 뜨니 감쪽같이
사라져 버렸다

소황리 바다 (1)

우리 처가 근처 소황리 바다
처남 살아계실 때
그분 따라가 굴 따고 고둥도 잡고
갯바위 낚시 우럭 망둥이
재수 좋은 날은 도미 농어도 낚아

생선회 치고 매운탕 끓여
식구끼리 둘러 앉아 맛있게 먹고
낚시 좋아하시던 서울 둘째 형님
주말이면 내려오셔
함께 즐겼던 곳

처남께서 몹쓸 병 걸려
삼 개월 투병하시다
훌쩍 떠나시니
그 뒤로 바다도 낚시도
가고 싶은 맘이 없어져 버렸다

소황리 바다 (2)

얼마만큼의 세월이 지나
용기 내어 한 번 가 봤으나
자꾸만 옛 생각만 떠올라
낚시질도 하는 둥 마는 둥

그분은 떠났어도
정은 그대로 남아 있어
옛 생각만 새록새록
고기 망엔 추억만 가득

그분이 낚싯대 드리던 곳에 서니
그리움은 더욱 사무치고
눈물이 앞을 가려
그만 돌아오고 말았다

아! 아!
소황리 바다
다시 돌아올 수 없는
그 시절 그 추억이여

낮과 밤

낮은 밤을 밀쳐 내고
밝음을 가져다주지만
밤 또한 낮을 이기고
어둠을 내려 준다

낮과 밤의 순환 속에
돌고 돌다 가는 우리 인생
밤이 있기에 낮도 있는 것이고
낮이 있기에 밤도 있는 것

낮엔 밝아서
일하기 좋고
밤 또한 어둡기에
잠자기 좋다

이렇게 낮과 밤이
저절로 순환하니
그 또한 조물주의
오묘한 사랑 아니겠나

과욕

옥상에 뿌린 채소 씨앗
싹이 튼 지 얼마 안 된 어린묘에
비가 오길래 비료를 주었더니
하룻밤 자고 나니 말라 죽어 간다

빨리 자라길 기대하는
허욕 때문에
어린묘가 탈이 났으니
허탈하기만 하다

모든 것이 때가 있고
기다릴 줄도 아는 것이
사람의 미덕인 것을
난감하기 그지없다

인생을 이만큼 살았으면
그런 것쯤은 기본 상식인 것을
이것도 노망 아닌지 생각하니
정신이 번쩍 난다

어린이날에

세상의 꽃들이
아무리 아름답기로
활짝 웃는 어린아이
티 없는 얼굴만 못하나니

경제력이 좋아지니
아이들도 구김살 없이
예쁘기는 말할 것도 없고
모두가 씩씩하다

요즘 어머니들
예쁜 아이만 낳으시는
1급 기술자들이시고
애국자들이신데

그런 어머니들
진심으로 존경하옵고
그 아이들 모두 사랑받으며
건강하게 잘 자라길 기도한다

눈물

사람이 동물과 다름은
눈물이라는 인간만의
감정의 표현이 있기 때문

슬프다고 눈물 따윈
보이지 마세요
운다고 원래대로
되돌릴 수 없는 일

세상에 태어날 때
처음으로 경험한 것이
울음이란 것일진데
그만하면 될 일 아니겠소

그럴 시간이면
그 아픔을 깊이 담아
글이라도 한 편
남기시면 어떨까요

주먹 쌈

덜 자란 상추
솎아 내어
한주먹 겹치고 또 겹쳐
점심에 먹는 주먹 쌈

비록 열무김치와
강된장 뿐이지만
한나절 땀 흘린 농부
시장이 반찬이다

한주먹 크게 싸서
입 안 가득 씹을 때
상큼한 그 맛
그만한 게 없는데

나이 든 농부
모든 시름 모든 걱정
농사일 어려움들
함께 싸서 드신다

소풍날 추억

국민학교(현 초등학교)
2학년 때로 기억
봄 소풍 가는 날
어머니께서 돈 10환을 주셨는데

눈알사탕 두 개를 사서
먹으려는 찰나
문득 떠오르는
병석에 누워 계신 아버지 얼굴

한 알은 호주머니에 다시 넣고
한 알만 먹으려는데
또다시 어머니 생각
그냥 눈으로만 먹었다

집에 돌아와 나눠 드렸는데
왜 안 먹고 가져왔냐 하시기에

나도 한 알 먹었다고 거짓말하니
두 분께서 기뻐하시며 잡수셨다

*환 : 1950년대 우리나라 화폐 단위

내 마음 나비 되어

잿빛 하늘
소리 없이 쌓이는 눈
머나먼 길 날아날아
나비 되어 찾아오는데

어린 시절
하얀 나비 쫓다가
넘어지고 구르고
무릎 까지던 추억

내가 눈이 된 듯
눈이 나비가 된 듯
내 마음은 나비 되어
어린 시절을 날고 있다

눈이 내리는 날에

호박을 심으며

마당 한 귀퉁이에
호박 한 포기
정성 들여 심는다

무럭무럭 자라서
노오란 꽃도 피우고
맛있는 호박도 열리겠지

어찌하여 사람들은
호박을 나쁜 이미지로만
비교하고 조롱할까?

샛노란 꽃은 벌들의 잔칫상
열매는 영양가 높고 맛도 좋고
호박잎 쌈은 잘들도 먹으면서

황사

비바람 그치고 나니
반갑지 않은
불청객
황사와 미세먼지

대다수 중국에서 발생하여
툭하면 우리를 괴롭히니
중국이란 커다란 나라
덩칫값이나 하고 살아라

호흡기 질환 중금속, 눈병
또 발암물질까지
국민 건강을 심각하게
위협하는데

작은 나라라고
마냥 당하고만 살 것인가

당당하게 항의하고
그 대책도 강구하므로
주권국가로서의 자존심과
국민 건강을 지켜 내야 할 것이다

파도

파도는 바다가 부르는
노랫소리
때로는 저음으로
어느 날은 목청 돋우며
큰소리로 부른다

크고 작은 물고기들
수많은 바다 생물들도
바다가 부르는 노랫소리에
살을 찌우며 살아간다

거기엔 그들만의
생존 법칙이 있고
사랑이 있고
질서가 있다

파도는 바다가 살아 있음을
노래한다

고기 잡는 뱃사공도
파도가 부르는 노랫소리에 힘을 얻고
먼 내일을 설계한다

나목

그 푸르던 잎사귀
훌훌 벗어 던지고
가벼운 몸이 되어
깊은 잠자고 있는 나무들

그 무서운 동장군
몸이 시린 찬바람
모질게 흔들어도
그를 깨울 수 없도다

그것은 오직
따스한 봄바람만이 가능한 일
그곳에도 세상을 창조하신
조물주의 깊은 뜻이 서려 있다

하산 길

산에 오르기보다
하산 길을 더 조심하라는 말
등산하는 사람이면
누구나 아는 기본 상식

내려가는 길이 편할지는 몰라도
긴장도 풀리고
다리에 힘도 풀려
낙상 위험이 그만큼 크기 때문

우리네 삶도 마찬가지
인생 하산 길인데
왜 그리 굽이가 많은지
몸도 마음도 아픈 곳이 많다

이런저런
잡동사니들
인생 하산 후에는
그마저도 끝이겠지

허수아비의 노래 (1)

곡식 거둬들인 빈 들녘
비스듬히 서 있는 허수아비야
자네는 세월도 잊고 사는가?
네 할 일 모두 끝냈는데

비바람에 시달리며
바삭 늙어 버린 너의 얼굴
낡아 찢어진 모자
허허! 옷이라도 갈아입을 것이지

지나가는 참새들마저
너를 조롱하는구나
가련한 허수아비! 허수아비야
긴 푸념의 노래라도 부르려무나

허수아비의 노래 (2)

여보게! 허 생원
추운 겨울일랑 집에서 쉬다가
내년에 다시 오면 안 되겠니
따스한 새로운 봄날에

"그런 말 하지 마세요
누가 뭐래도, 뭐라고 해도
나는 허수아비라요
빈 들녘이라도 지켜야 하는 허수아비"

주인의 허락도 없는데
가긴 어딜 가나요
이곳이 내 집이라요
허수아비인 나, 내 집 두고 어딜 가

허수아비는 긴 겨울
저 홀로 긴 푸념을 노래 부른다
이곳이 내 집이고
나는 영원한 허수아비인 것을

송홧가루

송홧가루 날림 속에
깊어 가는 봄
꽃가루 알레르기
주택가 먼지

주차된 차량에
노오란 송홧가루
세차하는 사람들
불만이 가득한데

그래도
송화떡, 송화다식
향수보다 더 그윽한 솔향이여
어찌 비할 데 있으랴

제 5 부

삶의 언저리에서

어쩌다 내 자신을 찾으며
정신을 차려 보니
석양 진 골목길에
가득 찬 어둠뿐이다

친구를 보내며

"이 나이 살다 가려고
그렇게 아등대고 살았나" 하고
눈물 글썽이며
내 손 잡던 친구

그렇게 가기 싫은 길을
함박눈 내리던 날
쓸쓸한 병상에서
조용히 떠나고 말았다

즐거웠던 추억
사랑하는 가족들에
영정 사진 한 장
덩그러니 남기고

선산기슭 한 모퉁이
한 평 남짓 새집에서
그 안의 주인하는 것 외

할 일이 없게 되었구나

친구야 오늘 저녁
서편에 지는 해님
동편에 뜨는 달님에
전입인사 정중히 드리고

새집에서의 첫 밤
편히 주무시게나
친구야! 친구야!
내 친구야!

화장장에서

다시는 돌아올 수 없는
객이 되니
잠시 거쳐 가는 화장장

몇 천도 화로에 누워
근심 걱정 모든 시름
훌훌 날려 보낸다

부자, 고관대작
명예, 권세, 재물
모두가 부질없는 것

한 줌
재로 변하는 데는
긴 시간 필요도 없는데

이승과 저승을 오가는
이곳에선
침묵만이 모든 걸 대신한다

기러기

그 머나먼 하늘 길을 날아와
농부들이 흘린 곡식 낱알
주워 먹고 있는
기러기 떼

제식 훈련 잘 받은 군인들처럼
줄도 잘 맞추고 질서도 정연하게
앞에서 이끄는 리더에 따라
구령도 힘찬데

이곳에서는
얼마쯤 머물다 떠나려는가
또 최종 목적지는
어디메인지

기러기 떼 합창 소리
이 밤을 일깨운다
기러기들이여
부디 무사하게 살다 가거라

옛날 고향집 (1)

지금은 뜯겨져 없어졌지만
머릿속에 항상 남아 있나니

눈을 감아도 눈을 떠도
사라지지 않고 떠오르는
영상 속의 집

어릴 때 소꿉장난
소풀 베어 송아지 키우고
나의 꿈도 함께 키워 가던 곳

어미 소가 송아지를 낳고
그 송아지가 어미 소가 될 때
나의 몸도 마음도 함께 자랐지

그곳 옛날 고향집
아! 그리운
옛날 고향집에서

옛날 고향집 (2)

그곳엔
머리 하야신
우리 아버지가 계셨고

어머니의 찬송가 소리
"내 주를 가까이
하려 함은……"
찬송가 162장

해맑은 아내의 미소가
나를 반겨 주고
두 아들 뛰놀던 마당가
봉숭아꽃도 곱기도 하던 곳

꿈길에는 여지없이
그곳에만 오고 가는데
그 옛날 고향집
영원한 마음의 안식처인 것을

참새의 변(辯)

일용할 양식을 구하러
눈치껏 날아다니다
돈 안내고 그냥 먹을지라도
그게 우리네 문화인데

그래도 우리는
양심상
집으로 가져가거나
숨겨 놓지는 않거든

오늘도
있으면 먹고
없으면
그냥 갈 것인데

허수아비야
뭘 그리도 노려보느냐
내가 없으면
너 또한 별 볼일 없을 것인데

장모님 같으신 처남댁 (1)

67세에 남편 보내시고
홀로 고향집 지키시다
사시던 집 공군부대에 편입되어
이사 오신 형수님(처남댁)

자식들이 서울로 모시려 해도
시누이올케 사이지만
친자매보다 더 돈독한 사이
우리 집 인근으로 오셨다

사위 사랑은 장모라는데
그 자리 대신하시려
무던히 마음 쓰시던 모습

당신 사위들보다도
더 나를 위하시던 그 마음
나는 가슴속 깊이 느끼고 살았다

장모님 같으신 처남댁 (2)

이제 산수의 나이를 넘기시니
무릎관절 어깨며 허리통증
거동 또한 불편하셔
진통제 등 약들을 한 주먹씩

농촌에 사시면서
오 남매 낳아 기르시고
농사일에 바닷일에
몸을 혹사하신 탓

머리에는 농수산물 이고
등에는 젖먹이 들쳐 업고
대천 장으로 웅천 장으로
심지어는 서울까지 다니셨다

사시는 집 매매되는 날
매매계약 체결하시고
눈물지으시는 형수님
아내도 나도 며칠 밤을 설쳤다

장모님 같으신 처남댁 (3)

작년까지만 해도
그 정도는 아니었는데
이번 겨울 넘기시며
부쩍 건강이 악화되시니
걱정이 이만저만이 아니다

자식들 오 남매 주변에 살고 있으니
즐겁게 지내실 것이라
예상은 하지만
이제 가시면 우리 집엔
오실 수나 있으실는지……

안녕히 잘 가십시오
큰 병원에서 치료도 잘 받으시고
손주들 재롱 속에 행복하시길
그동안 좀 더 잘해드리지 못한 점
죄송합니다. 그리고 존경합니다.

* 장인어른 장모님께서는 내 결혼 훨씬 전에 돌아가셔
나는 그분을 장모님으로 생각하며 살아왔다.

아욱국

아욱국을 먹을 때면
어머니 생각

사립문을 잠가 놓고
먹었다는 그 말씀

그 옛날 고향집 같은
그윽하고 구수한 맛이여

어머니의 숨결
손맛이 배어 있는 듯

밥 한 그릇 금세
사라져 버린다

은행잎

노오란 은행잎
가로변을 쓸고 있는
환경 미화원의 어깨가
무겁게 보인다

무심한 가을비는
그칠 줄도 모르고
벌써 며칠째
추적추적 내리는데

그 곱던 은행잎도
낙엽 되어 떨어지니
쓸모없는 쓰레기 되어
환경 미화원의 손길을 기다리는데

힘들여 쓸고 간 자리
소슬바람 한 자락에
거리는 금세
금빛으로 물들어 간다

이 땅의 아버지들

생전 일밖에 모르는 사람
술에 찌들어 사는 사람
내 것밖에 모르고 구두쇠로 사는 사람
이런저런 사람들도 누군가의 아버지이다

직장에서 야근한다는 구실로
퇴근길 술에 찌들어 비틀거려도
기다리는 어린것들을 위하여
붕어빵 한 봉지는 꼭 사 들고 오는 아버지

그것을 먹기 위해
늦은 밤까지 기다리는
어린것들의 까만 눈망울이
아버지의 마음을 바쁘게 한다

깨끗이 구두를 닦아 놓는 고사리 손에
가끔은 천 원짜리 한 장
쥐어 줄줄도 아는
그 아버지

승진에서 물먹고
상사의 꾸중에
어깨를 잔뜩 움츠리고
여러 번 사표를 쓰고 싶다가도

어린것들의 초롱한
눈망울이 밟혀
다시 마음을 가다듬는
그 아버지

아버지는 집안의 기둥이기에
자신의 출세보다
어린것들과 함께할 때
행복을 느끼며 산다

아!
아버지!
그 이름도 거룩한 아버지
이 땅의 모든 아버지들이여
힘내시라

빈 그릇

말 못하는 나무들도
살아가면서
차곡차곡 나이테를 쌓아 가는데

나는
이 세상에 와서
무엇을 얼마만큼 쌓아 왔는가

춘하추동 사계절이
수십 번이나 오간 즈음
나무라면 지금쯤은
아름드리로 자랐을 터인데

뚜렷한 공적 없이 지내 온 세월이여
헛되이 소비해 버린 젊은 날의 상념들
돌이켜 현실을 셈하고 보니
남은 건 어둠 속에 빛바랜
빈 그릇 뿐이네

반려자 (1)

아들 키워 결혼시켜 내보내고
생전 같이 살자던 딸자식도
제짝 만나 훌쩍 가 버리니
남은 것은 빈껍질뿐인 두 노인네

그다지 먹고 싶은 것도 없고
하루 밥 세 끼
있으면 먹고
안 먹어도 그만인 것을

퇴근시간 무렵이면
혹시 하고
책상 위에 놓인 전화기에
눈길이 머무는 것이

아무리 생각해 봐도
한심한 노인네가 틀림없는데
그래도 행복한 것은
함께하는 반려자가 곁에 있다는 것이다

반려자 (2)

검은머리 파뿌리 되도록
함께 살아온 그 사람
박봉에도 군말 없이
가정을 이끌어 왔고

자식 키워 모두 출가시키니
어느덧
고희가 지나 팔순이 문턱
이제는 인생 마무리가 걱정이다

남은 소원은
내가 먼저 가든 아내가 먼저이든
딱 5일만 더 살다가
잠자듯이 떠나가는 것

삼 일은 반려자 장례 모시고
하루는 내 주변 정리하고
마지막 하루 편한 마음 가지다가

그날 밤 미련 없이 그 사람 따라 가는 것
마지막 행복 아니겠는가

삶의 언저리에서

고달픔을 먹고 사는 사람에겐
긴말일랑 하지 마세요
그것은 귀도 눈도 멀어 버린
딴 나라의 이야기이니까

주인공이 절대 죽지 말라는
법이 없듯이
행복은 원래 현실에 없는 것으로 태어나
인간의 동경으로 기생하는 마녀

보이지 않는 무엇을 찾아
꿈을 헤매다가
젊음을 몽땅 소비해 버린
지난날의 숨바꼭질하던 추억

어쩌다 내 자신을 찾으며
정신을 차려 보니
석양 진 골목길에
가득 찬 어둠뿐이다

초겨울 나비

이 겨울에 나비 한 마리
얼어 죽지 않고
어디에서 왔느냐

꽃들도 말라 죽어 가는 즈음
따뜻한 봄날에
태어날 것이지

지구환경이 변해 간다는데
곤충들마저
시절을 잊고 사는가

부디 추위를 이기고
네 생명 다하는 날까지
꿋꿋하게 살아가려마

- 2022. 11. 16 배추밭에 날으는 나비를 보며

함박눈 내리는 밤

함박눈이 소리 없이 내리는 밤
오붓하게 살아가는
노부부 내외
토닥토닥 화투를 친다

10원짜리 고스톱
동전 여나무 개씩
앞에 놓고서
주거니 받거니

어느 때는 피박 쓰고
중얼중얼
가끔 까르르 웃음소리
아이고 똥피 쌌구나

무엇이 이보다
다정함이 더하리요

함박눈이 소복소복
내리는 밤
화투장을 넘기는 손길에서
내외의 정은 깊어만 간다

김갑현 제2시집

내 마음 나비 되어

초판 인쇄 2023년 9월 1일
초판 발행 2023년 9월 8일

지은이 | 김갑현
펴낸이 | 김효열
편　집 | 이미정

펴낸곳 | **을지출판공사**

등록번호 | 1985 년 2월 14일 제 2-741호
주　　소 | 서울시 마포구 양화진길 41, 603호
우편번호 | 04083
대표전화 | 02) 334-4050
팩시밀리 | 02) 334-4010
전자우편 | ejp4050@hanmail.net

값 13,000원

ISBN 978-89-7566-233-1　　03810